Definition på holistisk ledelse:

Jeg betragter medarbejderne som *hele* mennesker, ikke kun en resurse, som skal udføre en opgave. Det betyder at jeg forventer og giver mulighed for, at medarbejderne udvikler sig både personligt og fagligt.

Som leder er min selvindsigt et naturligt fundament. Jeg kommunikerer og handler ud fra mine værdier og visioner.

Ifølge Sociologisk Leksikon (2011) er definitionen på *holisme: "Det hele. Alt"* (Ibid: Schiermer, B.). Videre beskrives:

"Holisme er den opfattelse, at en given helhed (et samfund, et levende væsen) er mere end summen af sine dele". (Ibid: Schiermer, B.)

Holistisk ledelse

- Tør du?

Af: Rikke Strange

Af samme forfatter:

Min hyldest til hesten – og det hele menneske.

© 2017 Rikke Strange

Forfatter: Rikke Strange

Forlag: BOD – Books on Demand,
København, Danmark

Fremstilling: BOD – Books on Demand
GmbH – Norderstedt, Tyskland

ISBN: 9788771888027

Der tages forbehold for eventuelle slåfejl, stavefejl
kommafejl, og ualmindeligt lange sætninger.

Forord

Denne bog er ment som inspiration for dig, som vil være troværdig over for dine egne værdier i rollen som leder.

Bogen er skrevet som pixiudgave og kan læses på et par timer.

Det er IKKE en teoretisk bog, men derimod en "hands on" udgave af, hvad ledelse også er.

Gennem egen tro og forbindelse til dig selv og din rolle som leder, kan du lede med naturlig indlevelse i relation til din omverden.

Min vision er at bryde med mønsteret om, at du som leder, ikke må vise din sårbarhed, men altid skal fremstå som kontrolleret, for at virke professionel.

I min optik er professionalisme i høj grad at være bevidst om sine følelser. For selv om du ikke vil tage dine følelser med på arbejde, så er de der alligevel, hvad end du vil være ved det, eller ej.

Rigtig god læselyst!

Indholdsfortegnelse:

Holistisk ledelse – tør du?

Budskab nr. 1

Personaleledelse er at lede (efter) sig selv

Når vi taler om selvledelse henledes tankerne nogen gange på kontrol, højt niveau og seriøsitet.

For mig er det, at lede sig selv langt mere komplekst. For at kunne administrere dig selv må du være parat til at finde dine gode sider. Det i sig selv, er måske nemt nok, men der hvor det virkelig giver noget til din selvledelse er, når du tør tage fat om de sider af dig selv, som du ikke er særlig stolt af.

Nogen siger, at det er dine svage sider – jeg bryder mig ikke om den negative tone, der ligger i ordet *svag*. Jeg mener, at såfremt du tør kigge på alle dine sider, kan du med fordel komme til at holde af dig selv, som det hele menneske du er.

Og hvorfor så det – jo, fordi du er, den du er. Jeg hører ofte mennesker sige; "Jeg var ikke helt mig selv i dag, så derfor gjorde jeg en handling, som ikke var god for mig eller mit arbejde".

Det er her du skal være vågen, for jo, du er også dig selv, når du udfører en uhensigtsmæssig handling – for det er den side af dig, som du ikke bryder dig om – men ikke desto mindre, så er det stadig dig.

Min pointe er, at hvis du tør anerkende alle dine sider, har du mulighed for at udøve ledelse på meget højt niveau, for da kan du og dine medarbejdere mærke din tydelighed, troværdighed og din autentiske væremåde.

Så min opfordring til dig, som leder, er at starte med at gå på opdagelse hos dig selv.

Som leder og som privat person, bryder jeg mig ikke om, at komme til at fremstå som en person, der ikke har styr på mine ting.

Jeg er altså i høj grad fanget i flertalsforståelsen af, hvordan jeg skal være.

Giv dig selv ti minutter til at overveje, hvor du står henne i forhold til ovenstående.

En anden ting, som jeg eller ikke bryder mig om at opleve hos mig selv er, når jeg ikke opfattes som "ordentlig".

For mig er det at være ordentlig, at optræde troværdigt, ærligt og frem for alt at blive på min egen banehalvdel – lyder det bekendt for dig?

Og bliver du udfordret af "ordentlighed i din ledelse – for mit vedkommende er svaret: ja, det gør jeg i høj grad.

Det er min frygt for at virke "uordentlig", som styrer mine handlinger (læs mere om frygt i kap.9).

Hvis du ikke er opmærksom på din ubevidste frygt, har du heller ikke mulighed, for at tage hånd om den.

Efter jeg er blevet klar over, hvor meget min frygt styrer mine væremåder kan jeg håndtere de situationer, hvor jeg bliver bange mere hensigtsmæssigt.

Det gør jeg ved at overveje, hvilke væremåder der kan støtte mig. Dette gør mig stærkere, og gør mig i stand til at gå ind i situationen i stedet for at løbe væk fra det jeg frygter.

Du tænker måske – som leder, kan du ikke være bange – jeg er ikke enig! Er du? Prøv at tænke godt efter en gang til.

Som jeg indledte med, så kommer jeg strid med et gammeldags kodeks for ledelse. At du som leder altid skal fremstå klar, tydelig og sikker – men prøv lige at mærke efter her!

Hvor tit, som leder, er du de tre nævnte væremåder? Jeg er ofte klar, tydelig og sikker, men jeg er OGSÅ uklar, utydelig og usikker!

Det tager tid at finde sig selv i rollen, som leder, det er en svær opgave, og det kræver modighed.

Når du sidder i stolen med din lederstilling, har du været til flere interviews, hvor du er blevet udspurgt, om alt fra dit privatliv til din professionelle ledelsesstil, men er du nogensinde i den forbindelse blevet spurgt om, hvad du frygter?

Nej vel! Ville du synes, at det ville være upassende? Ja, måske, men sagen er, at vi alle sammen er styret af vores frygt, både bevidst og ubevidst.

I en travl hverdag har vi tendens til at glemme os selv. Som leder (og medarbejder) kan dagen bringe mange uventede opgaver, som får os til at "drifte" mere end at lede – altså lede autentisk, lede med hjertet.

Det kræver stort mod at gå mod strømmen og være anderledes – at være sig selv.

Da jeg begyndte mit nuværende lederjob, startede jeg med at proklamere at mit slagudtryk var/er – "DET LØSER SIG"

Jeg vil gerne indrømme, at det var med noget usikkerhed i stemmen, da jeg første gang stod sammen med medarbejderne og sagde; *"det løser sig"*, men det viste sig hurtigt, at mit mod kom mig til gode. Der gik ikke længe før medarbejderne gik rundt og sagde; *"det løser sig"*.

Der var selvfølgelig også medarbejdere, som ikke troede på budskabet.

Men når mange nok italesætter et budskab hører universet det – og ønsket går i opfyldelse.

En vigtig ingrediens for at udføre holistisk ledelse, er behovet, lysten, viljen og modet til at gå på opdagelse hos sig selv, for samtidig at være nysgerrig på, hvad sker der mellem mennesker.

Vi tror, vi har brug for en tydeliggørelse af, hvordan vi skal være, når vi er på arbejde. Vi bruger usandsynlig mange kræfter på at tillære en rolle og en opførsel, som passer til vores arbejde.

Det er vist det, nogen kalder "at være professionel". Det der sker, hvis vi ikke husker, eller ved hvem vi er. Det er, at vi begynder at lade, som om at vi okay med den måde vi har tillært at være på, og så er vi virkelige "på røven".

Min intention med budskabet i dette kapitel, er at skabe en helhed i forhold til dig selv, så du som leder, kan bringe det videre til dine medarbejdere.

Jeg vil gerne bringe lys over, at rollen som leder er en livslang læring. Du skal være villig til at kigge efter dine skyggesider, for at få dit optimale udbytte af dit potentiale.

Som leder er det altafgørende, at du tør at bede om hjælp! For nogen er det grænseoverskridende, at se, det at bede om hjælp, som en styrke, fordi det jo også kan betyde, at der er en arbejdsopgave, som man ikke evner at udføre uden hjælp.

Jeg fik kontakt til en certificeret coach, som arbejder med frygt som drivkraft. Coachingen fik mig til at se min lederrolle i et mere professionelt perspektiv. Forstået på den måde, at jeg fik sat lys på de sider af mig, som jeg ikke kan lide, men samtidig også fik fokus på den type menneske/leder, jeg gerne vil være.

For mig har det været vigtigt, at gå forrest i forhold til min medarbejdergruppe, men jeg kunne ikke have gjort det, hvis jeg ikke er/var drevet af et brændende ønske om at finde ind til min helhed.

Det tog mig et helt år, før jeg blev klar over, hvorfor jeg havde valgt at søge jobbet som afdelingsleder.

Jeg ville skabe en holistisk skole, hvor vi arbejder med en tydelig vision, og med eleven i centrum.

Med adgangen til frygtløs kommunikation var jeg klar til at tage de konfrontationer der skulle til, for at vække lærerne.

For mig betød det, at jeg var i stand til at lede med en kærlig autentisk og nærværende ledelsesstil.

Det gjorde også, at nogle af lærerne blev bange, fordi de blev mødt på en anderledes måde, end de var vant til. Og uanset hvordan de opførte sig, blev de mødt kærligt med en forventning fra mig om, at tage deres del af ansvaret.

Jeg gentager: Det er på ingen måde moderne at vise, hvilke følelser man indeholder som leder. Der har i mange år hersket en holdning om at ledere altid skal vise, at der er styr på opgaveløsningen.

Udfordringen er bare den, at det ikke altid er det, der er tilfældet.

Indimellem kan det betale sig at stille sig op på øretævernes holdeplads og være nærværende over for det der sker, uden at dømme.

Den bedste måde at gøre det på, er at lytte til medarbejderne; også selvom du skal høre på noget, som du ikke er enig i.

For det vigtige her er at være vågen over for det som ligger bag – det sagte.

Når vi leder holistisk, rummer vi de forskelligheder der er til stede, men dette kan ikke lade sig gøre uden at have et solidt værdigrundlag som fundament.

Jeg tror, det er meget naturligt og yderst menneskeligt, at vi indimellem mister modet i forhold til det vi brænder for.

For at kunne rumme at være i svære arbejdsopgaver, er det vigtigt at vi står ved vores følelser omkring det der er, og hverken mere eller mindre.

Som holistiske leder er der, som jeg ser det, en stor værdi i at give udtryk for vores følelser.

Det får os til at være troværdige og menneskelige – og hvile i os selv. Det vi **ikke** må er at fremstå som ofre, så mister vi vores autoritet og integritet.

Men at give udtryk for, at vi står med en svær opgave, og at stå ved, at vi heller ikke kender løsningen på, hvordan opgaven skal løses, men at vi arbejder med opgaven til den er løst – giver tillid og troværdighed.

Lad dig inspirere af egne ideer og af medarbejdernes drømme og drivkraft.

Budskab nr. 2

Værdiarbejde – find din vision

Dine værdier og dit hjerte er dit livskompas og landkort, som viser den retning som er god for dig. Det er her, hvor du rummer "det hele menneske" det "hele" dig.

Værdier bliver nogen gange omtalt, som noget vi arbejder med sammen med en konsulent, og som bagefter stilles ind i pokalskabet.

Efter min overbevisning er værdiarbejdet grundlæggende, for at vi optimalt kan fungere sammen som arbejdsplads og som troværdige kollegaer. En gang imellem møder vi eksempler på, at værdiarbejdet ikke er på plads, eller forståelse for vigtigheden af værdier ikke er tydelig nok.

Dette kommer blandt andet til udtryk ved samarbejdsproblemer, aftaler der ikke overholdes og narrative fortællinger.

Mit hovedbudskab i dette kapitel er, HVER gang du handler i strid med dine værdier, så mister du noget af dig selv.

Jeg skulle på et tidspunkt tage en vigtig beslutning, om en medarbejders arbejdsfunktion. Min kollega og jeg blev via en konsulent rådet til at begrunde vores beslutning med et godt pædagogisk argument. MEN udfordringen for mig var bare, at jeg ikke var enig i begrundelsen, da den ikke var i overensstemmelse med min version af sandheden.

Jeg ville langt hellere have fortalt medarbejderen, hvorfor jeg ikke ville have ham til at udføre opgaven længere. Nemlig, at han ikke løste sine arbejdsopgaver på en måde, som jeg vurderede var tilfredsstillende, samt at han arbejdede mod udviklingen af skolen.

Konsekvensen for mig i den nævnte episode var, at jeg mistede ikke blot mig selv, men også tilliden hos mine medarbejdere!

I den bedste verden af alle skulle jeg have haft modet til at stå ved min frygt, og derefter håndteret situationen.

For mig at se, er der tre væsentlige elementer der skal være i spil, for at det er muligt at optræde som holistisk leder.

- Hvem er jeg som menneske? Til din store overraskelse, kan jeg afsløre at måden du er på, når du er på arbejde, sjovt nok også afspejler måden du er på i mange andre sammenhænge.
- Hvilken vision har jeg?
- Hvilke er mine ledelsesværdier?

Mit bud på en dygtig leder er, når vi er i stand til, at lede andre mennesker efter vores værdier og i høj grad at kunne lede sig selv i overensstemmelse med egne værdier.

Jeg har listet mine værdier op nedenfor:

At være:

- Kærlig
- Ærlig
- Tydelig
- Glad
- Modig
- Nærværende
- Arbejdsom
- Anerkendende også over for mig selv
- Ansvarsfuld
- Sårbar

At arbejde og leve efter sine værdier kræver et bevidst valg. Nogen tror, at værdier er det vi har lyst til – NEJ, det er det ikke.

Værdier er dit landkort til at finde vej i livet! Nogen gange kommer vi til, at læse kortet på en måde, så vi går den imod vores mål og mister retning.

At leve og lede efter sine værdier kræver svære valg, men ved at være bevidst om dine værdier kan du tage beslutningerne, så det bliver værdifuldt for dig og ikke et spørgsmål om at gøre "det rigtige – for det rigtiges skyld".

Ud over at værdierne bringer dig tættere på dig selv, kan dine værdier også være med til at afklare, hvorfor du sidder i din lederstol.

Ud fra min overbevisning er det altafgørende for dit virke, som leder, at du kender din vision. Din vision skal være din drivkraft for at udføre dit job.

Mine værdier skal bære min vision, om at skabe en holistisk skole! Hvilke værdier og hvilken vision har du?

Giv dig eventuelt rum til at du nu i dette øjeblik, kan skrive dine værdier ned.

Du kan begynde processen ved at mærke, hvordan du har det lige nu? Og hvordan du gerne vil have det i fremtiden?

Husk at holde fokus på, at det skal være værdifuldt for dig – og ikke en test af at være rigtig/forkert, eller god/dårlig.

Når vi kigger på virksomheder rundt om i landet, så har de fleste et værdigrundlag for virksomheden, hvilket både er klogt og logisk, men jeg er ikke sikker på om den enkelte medarbejder er blevet bedt om at tage stilling til sine personlige værdier.

Er du blevet spurgt om dit personlige værdigrundlag? Eller har du spurgt dine medarbejdere om deres personlige værdier?

Det kræver vilje til at få selvindsigt, at finde frem til sine værdier og for nogen kan det være direkte ubehageligt.

Da mine medarbejdere skulle arbejde med deres værdier for teamet, skabte det stor ballade for nogen i gruppen.

Forud for arbejdet var lærerne blevet præsenteret for ledelsens vision og værdier. De vidste altså, hvorfor vi skulle arbejde med værdier og at ledelsen gik forrest.

Jeg blev meget overrasket over, at nogle af lærerne var så utrygge, at de brugte de to første sessioner på at finde beviser på, at de slet ikke havde brug for coaching, eller et værdigrundlag.

Det kom til udtryk ved kommentarer som "vi kan godt kommunikere sammen", "vi kan sige alt til hinanden". Og det til trods for, at jeg gang på gang havde synliggjort det modsatte ved at komme med eksempler fra hverdagen på skolen.

Fx at lærerne ikke overholdt deres aftaler over for hinanden, eller ikke sagde hvad der var på spil i forhold til hinanden. Måske er det noget du kender fra din egen arbejdsplads?

Efter anden session havde jeg brug for at manifestere, at jeg mente det, som jeg havde sat i værk.

Jeg benyttede mig af frygtløs kommunikation (se kap 4) ved, at stille mig op og fortælle lærerne lige præcis det jeg havde fået øje på, hverken mere eller mindre.

Med bankende hjerte gav jeg udtryk for, at jeg oplevede, at de blev ubehagelige, når de blev presset, og at der var et krav fra min side om at deltage i denne coaching og arbejde med værdier og handlemåder.

Det gjorde et stort indtryk på lærerne og flere kom efterfølgende og gav udtryk for deres bekymring.

De efterfølgende to sessioner arbejdede de i højere grad med i processen, men det holdt hårdt og nogen af medarbejderne måtte æde nogle store kameler.

Udfordringen i det nævnte team er den narrative fortælling og idyllisering af, at "her går det godt, så længe vi ikke taler om det, der gør ondt, eller det vi frygter".

Hele arbejdet om værdier er så utrolig vigtig for vores måde, at være sammen på og vores metode til at løse vores arbejdsopgaver.

Værdier kan bruges som "kontrolfilter". Hver gang vi udfører en handling krydstjekker vi ved, at spørge os selv, om det er i overensstemmelse med vores personlige værdier og vores fælles værdigrundlag. Såfremt svaret er nej, må vi tilbage i maskinrummet og redigere i vores væremåde.

Når vi følger vores værdier kommer vi ikke på glat is, og vi bringer dermed ikke organisationen i fare for at miste sig selv. Med det mener jeg at fælles værdier skaber *samskabelse,* hvilket betyder at alle "løber" i samme retning og arbejder inden for den fastsatte ramme.

Følgende eksempel viser, hvad der sker, når vi følger vores værdier, men også hvad der sker, når vi ikke har et fælles værdigrundlag at arbejde ud fra:

Jeg oplevede, med en tidligere kollega, at stå ved et møde og være fuldstændig uforberedt på, hvad hun ville sige.

Vi havde fordelt opgaverne i mellem os, og min kollega skulle stå for, at fordele nogle arbejdsopgaver ud til medarbejderne.

Jeg havde ikke sat mig ind i stoffet, da jeg troede at min kollega havde gjort det (altså på min måde) – stor fejl fra min side. Hvis jeg havde sat mig ind i stoffet, havde jeg fået øje på, at jeg skulle hjælpe hende og sammen havde vi fremstået, som en enig ledelse. I stedet skete der det, at min kollega gik i panik og begyndte at ville diskutere emner, som vi slet ikke havde drøftet på forhånd.

Det resulterede i at jeg måtte afbryde mødet med budskabet om, at vi ikke havde forberedt os godt nok og vi beklagede, at vi havde optaget deres tid.

Så i stedet for at løbe fra min frygt, håndterede jeg den. Husk, at uanset om du håndterer din frygt (følelser) eller ej, så er den der alligevel.

Jeg høstede efterfølgende mange tilkendegivelser om, at medarbejderne aldrig havde mødt en leder der indrømmede, at have begået en fejl. Jeg var nu ikke særlig stolt af mig selv, men jeg var glad for min handling.

Og glad for at jeg brød med mønstret om at ledere ikke må tage fejl – også selv om, at det ikke var nogen rar følelse (læs evt. det første kapitel igen)

Når vi tør stå ved os selv, og vores værdier, bliver vi troværdige og menneskelige. Og når jeg som leder tør vise, at jeg tager fejl – tør medarbejderne det også.

Jeg har gennemgået mange lange timer med coaching. Dette med udelukkende et formål – at lede efter mig selv. Læs kap X om, hvad coaching egentlig er for noget.

Budskab nr. 3

Arbejd i processer – hav tålmodighed – bryd dine vaner

Som holistisk leder er det vigtigt, at du starter med at tydeliggøre din **intention med forandringen over for dig selv:**

- Hvor kommer ideen om forandringen fra?
- Er den i overensstemmelse med arbejdspladsens værdier?
- Hvordan vil jeg håndtere medarbejdernes følelser i forandringsprocessen?
- Hvad frygter jeg selv ved forandringen?

Det næste er en plan fx et "hjul" over forandringens gang (det er ikke særlig holistisk), men det særlige ved et hjul inspireret af holisme er, at italesætte de følelser og væremåder, der er vigtige at forholde sig til i forbindelse med forandringen.

Den vigtigste del af forandringsprocessen er at sikre, at samtlige medarbejdere forstår og accepterer forandringen.

Der er brug for, at alle involverede parter overgiver sig til forandringen, og tager et ærligt og autentisk ejerskab til forandringen.

Her skal du som leder være vågen for, hvordan du vil håndtere, når der er medarbejdere, som ikke "løber" med.

Så længe ting giver mening, er alting godt, men hvis forandringen ikke giver mening for den enkelte medarbejder, skaber de gode intentioner blot kaos.

Vi skal udøve kærlig ledelse på et professionelt plan, for at udvikle den enkelte medarbejder – men også sætte en tydelig ramme for, hvor langt vi som ledere er parate til at gå, for at implementere medarbejderen i forandringen og kræve et medansvar fra medarbejderen.

Jeg er overbevist om, at tålmodighed er en god væremåde at benytte, når du vil have personalet til at forstå og vende sig til det nye.

Du skal huske på, at før du informerer dit personale om de nye tanker, så har det været gennem dit system, forstået på den måde, at du har gennemtænkt ideen. Du kan se, hvor du vil have forandringen til at bære hen, og du kan se meningen med det.

Jeg begik selv den store fejl, da jeg startede på min arbejdsplads. Jeg havde så mange gode ideer – syntes jeg i hvert fald selv.

I min begejstring lagde jeg bare ikke mærke til, at medarbejderne var et helt andet sted.

I bakspejlets lys kan jeg godt se, hvor jeg gik galt.

Jeg havde ingen tålmodighed, og jeg anerkendte ikke, at medarbejderne var et andet sted end der hvor jeg formodede, at de var.

Så mit budskab til dig der vil forandre verden er – giv dig god tid.

Forandring kræver at du skynder dig langsomt.

Der er også et andet vigtigt budskab som læner sig op af tålmodighed, og det er vaner.

Vi er, om vi vil være ved det eller ej, drevet af at gøre som vi plejer, hvilket også medfører at vi begår de samme fejltagelser.

Her skal du være vågen og tage det bevidste valg.

For at tage et bevidst valg, skal du være villig til at "lide" lidt, med udtrykket "at lide" mener jeg, at du skal være i stand til bevidst, at gøre noget andet end det du plejer.

For at være klar til det, skal du ofre nogle af dine dårlige vaner, altså handlemåder som du benytter, fordi de på en eller anden måde virker for dig, men som du også godt ved ikke altid er fordrende for dig.

Jeg skal hilse og sige, at det er en svær opgave – og min påstand er også, at det er en umulig opgave at lykkes med alene.

Her har du virkelig brug for en person i dit liv, som kan støtte dig.

Jeg vil anbefale at du vælger en person, som du har stor faglig og personlig tillid til, og som du er tryg ved.

Den du vælger som din sparringspartner skal kende dig godt, og kende dine værdier og dit mål. Din sparringspartner skal turde presse dig på den måde, som du har brug for, for at du kan udvikle dig bedst muligt.

For at opnå den bedste sparring er det min erfaring, at du og din sparringspartner gør klogt i, at afstemme forventningerne til hinanden inden I påbegynder sparringen.

Du skal gøre op med dig selv, hvordan du vil bringe forandringen ud i verden.

Min erfaring er, at inden du tager det første skridt ud i det bevidste valg, skal du gå tilbage og bevidstgøre, hvad du lykkedes med sidst du skulle realisere en drøm/forandring;

- Hvad ønsker du at gøre mindre af?
- Hvad ønsker du at gøre mere af?
- Hvordan kan du støtte dine medarbejdere i processen?
- Hvordan vil du takle en eventuel modstand?
- Hvad kan støtte dig, som leder, i en forandringsproces?

I min optik er det, der er vigtigst at tale om, når vi skal indgå i en forandringsproces, tydelighed og gennemsigtighed.

Der er ingen tvivl om, at når vi siger forandring, så starter der helt automatisk en indre frygt hos os alle.

Frygt er meget individuel, men en ting er sikker, den er der.

Som tidligere nævnt, så er frygt ikke noget, vi taler om på vores arbejdsplads.

Derfor har du, som forandringsleder brug for at gå forrest og italesætte frygten.

Spørgsmål til en holistisk forandringsproces kunne se sådan ud:

- Hvad er årsagen til at vi skal forandre os?
- Hvad frygter vi ved en forandring?
- Hvordan kan vi støtte hinanden i at håndtere frygten?
- Hvor ser vi hinandens styrker?
- Hvilke faldgrupper skal vi være opmærksomme på?
- Hvad kan vi forpligte os til?

Min opfordring er at bruge meget tid på at tale om det, der gør os utrygge, for det er den eneste måde vi kan håndtere frygten på.

Kunsten som holistisk leder er, at kunne rumme alles frygt uanset, hvordan den ser ud.

Her vil jeg anbefale at du selv modtager coaching, for at blive klædt på til at kunne vejlede dine medarbejdere, og benyt din sparringspartner flittigt.

Det kan være hårdt at modtage kritik, og måske også svært at forstå modstanden mod din fantastiske ide.

Derfor er det ofte givtigt at modtage coaching, som en naturlig del af en forandringsproces.

Jeg har ikke mødt nogen medarbejdere, som ikke ville have succes, men jeg har mødt flere, som jeg ikke har formået at overbevise om forandringen.

Du kan læse mere om coaching i kapitel 9.

Budskab nr. 4

Frygtløs kommunikation

Frygtløs kommunikation går kort og godt ud på, at blive på egen banehalvdel, når du taler med andre mennesker. **Få sagt det der skal siges, uden at frygte for konsekvenserne.**

Når vi taler frygtløst med hinanden, opnår vi en ærlig relation, og når vi kommunikerer på den måde i arbejdssituationer, optræder vi professionelt.

Det frygtløse løfter os op i metaperspektivet for ved frygtløs kommunikation, tager vi ikke stilling til rigtig/forkert, eller god/dårlig.

Ved denne form for kommunikation kan du ikke dømme, eller fordømme dine omgivelser. Denne metode giver dig derimod mulighed for, at gå på opdagelse i den andens univers.

Der er flere vigtige pointer, når du taler frygtløst:

- I en frygtløs samtale bliver du på egen banehalvdel dvs. at du benytter formuleringer som:
- **Når du siger"…." får jeg det til at betyde at "…."**.

På denne måde er der en mulighed for, at vi kan tale åbent om, det der er på spil uden at dømme hinanden.

Når vi vælger at tale autentisk med hinanden, har vi mulighed tage et bevidst valg, om at tale om det vi frygter. Altså ved at sige; **"det jeg frygter er......"** **og derfor kommer jeg til at gøre......."**

Det altafgørende i en frygtløs samtale er at være oprigtig nysgerrig på sin samtalepartners intention dvs. at når du starter med en samtale, så begynder du med **"min intention med denne samtale er ...."**

Hvis den person du har en frygtløs samtale med begynder med at sige; **"DU gjorde....."**, eller du hører dig selv sige; **"det er fordi DU gjorde"**, så skal I stoppe op, for så er I ikke længere på egen banehalvdel.

Så skal I tilbage til udgangspunktet og benytte talemåder som **"da du sagde til mig at....., fik jeg det til at betyde at......"**

Og en gang til for prins Knud: Som leder er det ikke oppe i tiden at tale om sin frygt, men det ændrer jo ikke på at frygten er der, og at denne styrer os rundt i manegen.

Prøv lige at give dig selv to minutter til at tænke tilbage på en oplevelse du har haft med en medarbejder, hvor du ikke kommunikerede frygtløst, og dermed ikke sagde det, der var på spil.

Skriv nu ned, hvad du tror, der ville være kommet ud af samtalen, hvis du havde sagt lige præcis det, som du havde på hjertet.

En naturlig del af at tale frygtløst, er at tale i en god tone. At "rakke hinanden ned" er IKKE at tale uden frygt - tværtimod.

For nogen er det direkte grænseoverskridende, at skulle forholde sig til det de frygter allermest. Det er måske pinligt, svagt og uprofessionelt at give udtryk for noget så sårbart.

Jeg er af den overbevisning, at det er modigt, klogt, værdifuldt og autentisk at sige sin frygt højt.

Gaven er, at når vi giver slip på frygten, kigger på den, og bliver interesseret i at give den opmærksomhed, så bliver vi i stand til at håndtere den, og dermed kan vi udnytte og vende vores frygt til noget brugbart.

Endnu en gentagelse: FRYGTEN ER DER OGSÅ SELVOM – DU IKKE VIL KENDES VED DEN!

Med følgende eksempel, vil jeg gerne vise dig, hvad frygtløs kommunikation kan gøre ved vores relation til vores medmennesker.

Jeg havde været nede i en klasse og observere en lærers undervisning. Efterfølgende havde jeg en snak med læreren. Det skulle vise sig, at blive en meget interessant samtale. Jeg startede med at redegøre for min oplevelse fra klassen.

Jeg sagde, at jeg følte, det var ubehageligt for mig, at læreren over for eleverne tiltalte mig, Rikke Strange. Jeg ville gerne kaldes Rikke, da det får mig til at være som en del af miljøet, men hvis jeg skal kaldes Rikke Strange føler jeg mig som fremmed over for eleverne, og det ønsker jeg ikke.

Læreren forklarede, at han kun villes kaldes ved for og efternavn, da han jo ellers kunne være hvem som helst, hvis blot han bare blev tiltalt med sit fornavn. Samtalen udviklede sig til, at vi fik fortalt hinanden, hvad vi fik vores kaldenavne til at betyde.

Det, der skete var, at vi talte fra hjertet og ikke gjorde hinanden forkerte, men accepterede at vi er forskellige og kommer fra forskellige steder. Selv om vi havde samme intention, om at opnå respekt og integration, så var vores opfattelser meget forskellige, og det er ok. Og da vi nu kender det, som ligger bag vores handlinger, er det langt nemmere at acceptere hinanden.

Et andet lille eksempel er dette. En medarbejder, kommer ind på mit kontor og siger; *"nu skal du høre, jeg skal fortælle dig noget pinligt om mit liv.* (Af etiske årsager vil jeg ikke komme nærmere ind på, hvad det handlede om).

Min kommentar var:*" Dejligt, at du siger det. Jeg synes ikke, det er pinligt. Jeg synes derimod, det er modigt af dig, at stå ved dit liv, som det er lige nu og jeg dømmer dig ikke – tværtimod. "*

Det giver altså en enorm frihed at vide, at vi ikke dømmer hinanden, at det ligger i kulturen, at vi nu engang er, som vi er. Når vi accepterer det – giver det plads til det hele menneske – den hele medarbejder.

I løbet af min lederkarriere har jeg gang på gang oplevet, at arbejde under pres, eller som Lars Qvortrup kalder det hyperkomplekse.

Det er lige præcis derfor, at det er så vigtigt at tale om det der er, for dagligdagen og virkeligheden, er kompleks nok bare i sig selv.

Vores arbejdsliv og vilkår kræver forklaringer, for at give mening for os.

Derfor har vi brug for at kommunikere uden frygt, for at blive dømt, eller sat i en position hvor vi bliver gjort forkerte.

Når vi accepteres for dem vi, er kan vi præstere i langt højere grad, end hvis vi bremses af frygt.

Så grib fat om din frygt og øv dig i at elske den!

Budskab nr. 5

Lyt efter guldet

Når en medarbejder kommer til dig og siger noget, som du opfatter som brok – så husk, at bag hver et bogstav, ord og sætning ligger der et budskab til dig.

Jeg oplever ofte, som leder, at jeg kommer til at dømme medarbejderens intention på forhånd og det gør, at jeg ikke lytter efter guldet, men i stedet begynder at forberede mig på, hvad jeg skal svare medarbejderen.

En god metode, som giver afkast med det samme er at gentage, for dig selv, hvad medarbejderen siger. Det hjælper dig til at lytte uden at tage stilling til, hvilket svar du skal give.

Det gør dig i stand til, at være nærværende over for den, du taler med.

Benyt de næste par minutter til at tænke over, hvordan du reagerer, når medarbejderne kommer til dig.

Skriv dernæst ned, hvordan du gerne vil have at du møder dine medarbejdere.

Beslut dig til sidst, hvordan du vil øve dig i at være, som du ønsker over for dine medarbejdere næste gang, de kommer ind på dit kontor med et vigtigt budskab.

Tal eventuelt med din kollega om din proces og skriv ned, hvilke tegn du ønsker at se i fremtiden. Små tegn der viser, at du lykkes med din forandring.

En dag jeg kom på arbejde oplevede jeg, at en af lærerne opførte sig anderledes. Han kunne knapt nok se mig i øjnene.

Jeg kunne mærke, at det påvirkede mig. Jeg vidste ikke, hvad det drejede sig om, men jeg vidste, at jeg måtte handle, for ikke at frustrationen skulle vokse hos mig.

Jeg kaldte ham ind på mit kontor, hvilket jo i sig selv kan være ret grænseoverskridende for medarbejderen.

Dette gik dog først op for mig, da han kom ind og sagde; *"hvad har jeg nu gjort galt"*. Jeg blev noget overrasket og sagde, at han ikke havde gjort noget galt, men at jeg kunne mærke at noget mellem os, eller i vores relation ikke var som den skulle være.

For at symbolisere mit ærinde tog jeg en skraldespand frem og sagde, at såfremt han havde brug for at kaste op, var skraldespanden til fri afbenyttelse.

Pointen er, når du som optræder som holistisk leder har du mulighed, for at nå ind til den enkelte medarbejder. Viser du din sårbarhed, tør medarbejderen også.

Det viste sig at medarbejderen langt fra havde min tillid, men ved at jeg var vedholden i min intention i forhold til, at ville den holdbare relation gjorde, at jeg fik skabt den relation, som er nødvendig for at vi kan positionere os hensigtsmæssigt over for hinanden, så vi kan spille hinanden gode.

Det vigtige er, at jeg gav mig tid til at høre på, hvad der var på spil, uden at dømme ham på forhånd.

Medarbejderen gav udtryk for, at han synes der var for meget snak i krogene, og at det ikke var til at holde ud.

Derfor besluttede vi, at vi skulle afholde et møde hvor medarbejderne kunne få luftet deres utilfredshed.

Reelt var der en fire stykker ud af 25, som havde noget på hjertet, de andre sagde ikke noget.

Bevidst gik vi (ledelsen) ikke til modangreb, heller ikke ved kommentarer, som (i vores perspektiv) var direkte usande.

Uanset hvordan vi end vil se det, var de udsagn der kom frem et udtryk for medarbejdernes oplevelse – et udtryk for deres følelser, og det var guld værd for os at vide.

Jeg havde brug for at lytte til medarbejderne, hvilket gjorde at de følte sig hørt, og vi havde et oprigtigt ønske, om at høre det der fyldte for medarbejderne – vi lyttede efter guldet.

Og ja, jeg må indrømme, at det til tider var meget svært at udholde at tage imod tæsk, der ikke var helt rimelige – set ud fra vores vinkel, men hvem har egentlig sandheden i sådan en situation?

Og det er jo det, det hele handler om – i hvilket perspektiv ses tingene ud fra?

Efterfølgende diskuterede min kollega og jeg, hvordan vi skulle håndtere frustrationerne, for en ting var sikkert og vidst. Vi havde fået et vink med en vognstang.

Lige en vigtig detalje, at få med.

Tror du, jeg var bange, da vi stod der midt i orkanens øje?

Ja, det var jeg, for jeg stod i min værste frygt, uden sikkerhed for hvad der ville ske.

Budskab nr. 6

Trepunkts metoden

Brev fra en medarbejder:

Dit lys skinner på det mørkeste sted. Dine skuldre bærer byrden med lethed og ynde. Du udstråler det, der lige netop er brug for på dette sted og for det er vi taknemmelige. Budskabet her er vigtigt for du skal vide, at du gør en stor forskel for små og store hjerter. Det er set og for det hylder vi dig i ærbødighed for den opgave du har taget. Universet støtter og sender lys og stor kærlighed til dig og dine. Du kan omslutte dig med dette til støtte og brug det de dage, hvor der er brug for det.

Himlens og jordens styrke mødes i erkendelse og sandhedens dybde. Sluserne åbnes og der sendes en kaskade af himmelsk lys til denne åbning. Fred og fryd følges ad og det er en evne du har til at sammenkæde dette. For det er du æret - universet sender kærlighed og styrke!

Den kvindelige lærer som kom med dette brev, tror på universet og den åndelige verden. Jeg er med på at ovenstående, kan virke lige lovlig flippet, men ikke desto mindre, så er det altså en del af min virkelighed og det jeg tror på.

Medarbejderen kom ind til mig og sagde: " I går aftes kom der et budskab til dig – det er ikke mig, der har fundet på det – det kom fra universet".

Jeg tror på, at der er mere mellem himmel og jorden, end vi umiddelbart kender til. Derfor blev jeg også meget beæret over at modtage ovenstående budskab, for jeg ved, at verden har brug for ledere, der tør give lidt mere – ikke mere, som i betydningen mere, men noget helt – helhjertet.

Jeg benytter nedenstående model, for at tjekke ind med mig selv.

Hver morgen åbner jeg mit hjerte – at arbejde holistisk er også, at du selv udfører et statustjek på dig selv, så ofte det er dig muligt!

Det gør jeg ved at spørge mig selv:

- Hvordan har mit hjerte det i dag?
- Derefter spørger jeg, hvilke væremåder der kan støtte mig?
- Og til sidst spørger jeg mig selv, hvad er gaven ved tilstanden?

Eksempel:

Hjerte: Jeg er utryg ved et møde senere på dagen.

Væremåde: Det kan støtte mig at være modig, tydelig, arbejdsom.

Gaven: Jeg kommer i mål med opgaven ved at være bevidst om mit mål og min væremåde. Dette giver mig en erfaring, som jeg kan bygge videre på.

Ved denne metode bliver du klar over, hvad der kan blive en udfordring, for dig i løbet af dagen, og du kan derved komme dagen i møde på en god og konstruktiv måde, ved at forberede dig grundigt.

Jeg benytter ofte modellen lige før jeg skal ind til et svært møde, eller skal løse en opgave, som jeg kan mærke giver mig uro.

Du kan også vælge at benytte modellen sammen med din kollega.

Det gør I ved at gå modellen slavisk igennem og spørge ind til hinandens hjerte/frygt, væremåde og gave.

Ovenstående metode kan bringe dig og din kollega tæt sammen i et professionelt fællesskab – samtidig med, at I får blik for, hvor I kan støtte hinanden bedst muligt.

Jeg vil anbefale, at I inden I benytter metoden udarbejder en tydelig forventningsaftale, hvor det fremgår, hvad I kan forvente af hinanden i svære situationer.

Eksempel på en forventningsafstemning kunne se sådan ud:

- Vi er ærlige
- Vi overholder aftaler
- Vi har pligt til at sige til og fra over for hinanden
- Vi har pligt til at tage ansvar for hinanden
- Vi er loyale for over beslutninger der er truffet
- Vi completer inden for 24 timer – det er den af os, som har behov for at complete, der bringer en complition i spil.

Jeg udøver også metoden over for mine medarbejdere.

Min erfaring er, at metoden trækker os væk fra det private og over i vores personlige/professionelle arena.

Budskab nr. 7

Pas godt på dig selv skrevet af Sussi Keglberg.

Vi mennesker består af ca. 50 billioner celler. Disse celler er en del af et kæmpe fællesskab, hvor hver lille celle, ved hvad den skal.

De er levende organismer, som i fællesskab skaber, dig og mig. Vores celler er afhængige af hormoner, enzymer, næring og mange af dem også ilt.

Vi adskiller os fra dyrene ved at have en hjerne, som er i stand til at stille os selv spørgsmål? Hvor er jeg? Og hvad gør jeg? Er dette godt og er det ikke godt? Osv.

Til forskel fra dyrene som ikke har følelser, men som udelukkende handler ud fra instinkter og hierarki.

Vi er vores hjerner. Det er vores hjerner, der styrer hvem vi er, og hvordan vi reagerer på livet.

Vores hjerne er delt op. Helt enkelt og meget simpelt beskrevet, har vi en del af hjernen, som er den vi kalder krybdyr delen, den sørger for vores overlevelse. Sådan helt banalt, kæmp, frys eller spil død. Alt efter udfordringen. Det er den der gør, at vi skaffer mad, når vi er sultne osv. Her er alt reaktivt, og der bliver handlet uden at spørge fornuften først. Det er en impuls reaktion. Så har vi vores fornuftsdel i hjernen – Her kræver det bevidsthed at være.

Det er her vi planlægger, og ved hvad der er det rigtige at gøre. Problemet er, at her er vi kun 5 % af tiden. Resten af tiden, er vi styret af det ubevidste.

Så det kræver en stor del af os selv at flytte fokus, og komme i berøring med det, der faktisk styrer vores liv. Det er det, der ligger derinde, hvor vi sjældent kigger.

Det slider på vores krop at leve et liv, uden bevidsthed. Vi kører bare på, eller bliver syge og hægtet af. Vi har en kultur, der gør at vi ikke mærker meget efter, hvordan vi har det. – OG VI anerkender det slet ikke.

Det betyder vi glemmer, at vi har en krop, og at den krop godt kan fortælle os, hvad der er på spil. Men det kræver, vi sætter tempoet ned og mærker følelserne fra kroppen og kun tankerne ikke fra hovedet.

Når vi så mærker kroppen, tror vi alt for ofte ikke, på det vi mærker. Så begynder vi at tro på de forklaringer, eller bortforklaringer, der dukker op fra tankerne.

Her er det vigtigt at stoppe op. Vi løber så stærkt, en stor del af livet handler om tid.

Det er et af de største fokus områder, når jeg har kursister i coachingforløb. Det handler om tid og især mangel på tid. Vi har brug for at stoppe op, og mærke at der bliver stille.

Det kan tage lidt tid, når vi ikke er vant til at være langsomme, rolige og bevidste. Når vi stopper op eller sætter tempoet ned, kan vi begynde at ane, at der er noget der larmer.

Her kræver det, at vi tør blive i det der dukker op. Hvis det er noget, vi ikke bryder os om, så forsøger vi at komme væk. – Det kan se ud på mange måder, fx at vi rent faktisk flytter os, helt bogstaveligt.

Det kan også komme til udtryk på en måde, hvor vi begynder at give andre skylden. Eller selv tage skylden! Der er mange måder, vi kan forlade os selv, så vi ikke mærker, hvad det handler om.

Problemet er sjældent problemet. Det er bare den udløsende faktor.

Derefter er det at have øvelser, der både involvere en hest og din egen krop en kæmpe gevinst. (Du kan eventuelt læse mere om denne metode i bogen *"Min hyldest til hesten – og det hele menneske"*).

For når vi arbejder med kroppen på denne måde, er der mulighed for at få skruet op for reaktionsmønsteret.

For din reaktion på hesten sender sansninger, altså frygt, opspænding, afslapning, glæde osv. Gennem din krop. – Og kroppen kan kun være, hvor den er, lige nu og her. Alt er tilgængeligt! Dine følelser og tanker kan springe i tid. Det kan kroppen ikke. Derfor er alle disse informationer brugbare i et udviklingsforløb som dette.

Ofte handler det ikke kun om, hvad vi kommer ud for, men hvordan takler vi det, der sker i vores liv.

Vi er tæt forbundet til vores tanker og følelser. Problemet med det er, at vi BLIVER vores tanker og følelser, og her er der stærke kræfter på spil.

Der er mere sandhed i at sige: VI HAR TANKER, OG VI HAR FØLELSER. Disse tanker og følelser findes jo inden i os, og det giver reaktioner og sansninger i vores krop, alt dette kommer til udtryk i vores måde at være i verden på - altså vores handlinger.

Vi har en lille amygdala i hjernen, som gemmer vores oplevelser, den er populært kaldet vores frygt center. Den gemmer på vores erindringer, og følelsen gemmes også. Det vil sige, at det er vores oplevede erindringer.

Hvis vi ikke er bevidste, om de valg vi træffer, og de tanker vi har – vil det vi gør og siger meget frygtstyret. Så glemmer vi intention, og vi har ikke vores værdier med, og endnu værre, ofte ved vi mennesker slet ikke, hvilke værdier vi prioriterer højt i vores liv.

Grunden til at vores celler bliver nævnt, i en bog som denne, er at den måde vi lever vores liv på, har stor indvirkning på vores celler.

Den nyeste forskning viser nemlig, at stress, for lidt søvn, forkert kost har indvirkning på vores cellers "sundhed".

Her vil vi fokusere på, at den måde vi taler til os selv på, har stor betydning for vores livskvalitet. Det lyder skørt, men det med at have en hest med i et forløb i forhold til din ledelsesstil gør, at vi har mulighed for at få øje på, hvordan vi tænker om os selv, taler til os selv og ikke mindst taler om os selv til andre.

Prøv at få øje på, hvad der sker inden i dig, når du skal lære noget nyt.

- Hvad tænker du om dig selv, hvis der er noget, du ikke kan finde ud af?
- Har du så tendens til at give andre skylden?
- Eller tænker du, det lærer du aldrig?
- Eller synes du, at opgaven er dårlig forklaret?

Der er ikke noget rigtig eller forkert, bare forskellige måder at tænke på. – Eller sagt på en anden måde, bare forskellige måder at være i verden på.

Vi opfatter ikke virkeligheden, som den er. Vi opfatter den, så den passer ind vi vores eget verdensbillede.

Det betyder, at vi lytter med vores indre dialog/stemme/tolkning på det, der bliver sagt. Hvis vi tager den et lag dybere, betyder det vi ofte tolker helt uden at vide det, det foregår nærmest uden vi ved det.

Så reagerer vi på det, som om det er sandheden. Vi tager ikke højde for tolkningen. Denne måde at opfatte verden på, bliver til vores, det er typisk, eller det er typisk hende. Vi fortæller det videre, med tonen af, at vi ved alle sammen, hvad hun mente, da hun sagde sådan og sådan.

Det kan faktisk være med til at skabe stress indeni. Og det kan være med til, at vi isolerer os eller kommer til at kæmpe mod verden.

Det stresser vores krop, og det går ud over vores celler, da det ikke er det optimale miljø for cellerne at være i, og de deler sig ikke, som de skal.

Ofte er det ydre omstændigheder, der bestemmer, om vi har en god oplevelse eller en dårlig oplevelse.

Problemet med dette er, at så bliver vi et blad i vinden, der bare hvirvler af sted, og lader det være op til vores omgivelser. – Den ydre verden. Det kan jo godt virke provokerende på nogen, at vi her postulerer:

Du er ansvarlig for dit liv, og dit liv ser ud, som det gør kun på grund af de valg, du har taget.

Vi er helt med på, at du ikke er herre over, hvad der sker, men du er herre over, hvordan du vil reagere, på det der sker. FX: din bedste kollega kommer og fortæller, at hun har fået nyt job. Det er du ikke herre over. Så langt så godt (eller dårligt) du har nu mulighed for at vælge, hvordan du vil takle den nyhed.

Det kan være en voldsom begivenhed, at miste en rigtig god kollega og det sætter gang i mange processer.

Dine tanker stikker også af med dig. Det er stærke sager. Du bliver rusket rundt, og du vil automatisk forsøge at finde beviser på at alt mulig forskelligt.

Når vi oplever noget voldsomt, vil vi på grund af disse stærke følelser og alle tankerne få flere kropslige reaktioner. Anspændthed, uro, søvnløshed, vrede, handlings lammelse. Osv. Vi vil forsøge at retfærdiggøre vores reaktioner, og fortælle verden hvor forfærdeligt at bliver, når vi ikke har vores gode kollega længere.

Hvad nu hvis du ikke kun er bladet, men du også har rødder, du er grounded!

Du ved, hvem du er, og du ved, hvad du står for. Så kan det godt være det blæser, og at det også kan godt være, at du bliver blæst omkuld en gang i mellem. Men du kan genfinde balancen, og du ved du bliver stående.

Der er også frihed forbundet med at være ansvarlig og have ansvar for eget liv. For hvis du ikke går forrest i dit eget liv og ikke mindst dit arbejdsliv, hvem gør så?

Det er nu at du mærker det på egen krop, hvad hændelser, som du ikke er herre over, gør ved dig! Kroppen, tanken og følelsen får kontakt med gamle oplevelser, som ikke handler om NUET.

Men er gamle reaktions mønstre, som det er på tide at redigere og få transformeret. For det er de gamle oplevelser, der styrer meget af "showet". Det er der AHA – oplevelsen, paradigmeskiftet og transformationen bliver mulig – eller som Einstein (frit oversat) sagde:

"Du kan ikke løse problemet, med samme tilstand, som skabte det".

Her får de mulighed for at indse og opdage, hvad der er på spil. Hvad er det for nogen følelser, og hvad er det for tanker, der er tilstede, og hvad sker der i kroppen. Det hele larmer, der bliver skruet op, og det mærkes meget tydeligt. Kroppen får mærket det.

Alle disse oplevelser kan bruges til at indse, opdage, mærke, føle, huske.

Alt sammen vigtige informationer, som der kan arbejdes med. Dette er vigtige og værdifulde informationer, som du som holistisk leder med fordel, kan begynde at forholde dig til og arbejde med.

Her kan jeg varmt anbefale en blanding af coaching og en parallelspejling med heste, som metode.

Læs eventuelt mere på www.glaedeogenergi.dk

Budskab nr. 8

Observer den virkelighed du befinder dig i – og slut fred med den

I dette afsnit vil jeg tage udgangspunkt i et simpelt eksempel fra min hverdag.

Jeg modtog en mail fra et par lærere med budskabet om, at der var medarbejdere, som glemte at minde deres elever om at rydde op efter sig. De skrev, at de havde brug for min hjælp til at løse problemet.

Jeg meldte tilbage til lærerne, at jeg på ingen måde kunne hjælpe med dette, da den eneste løsning på problemet var at lærerne selv tog ansvaret på sig.

Jeg havde ved flere lejligheder observeret, at lærerne heller ikke var gode til at rydde op efter sig.

Og hvordan er det nu det er; vand løber jo som bekendt ned, så det som lærerne gør, det gør eleverne også.

Jeg valgte helt bevidst at stå frem og sige, at jeg ikke havde løsningen, men at de selv var løsningen.

Nogen af lærerne søgte en konsekvens fra min side, men jeg modstod fristelsen ved at lægge ansvaret over på dem, hvilket sådan set også kun er rimeligt, altså set ud fra mit holistiske perspektiv.

Jeg kunne have anskuet problematikken mere analytisk ved at opstille en konsekvens, men hvad ville jeg egentlig have opnået med det.

Jeg ville højst sandsynligt have nogle irriterede lærere, som pludselig skulle leve under en "straf", som ikke havde noget med dem at gøre, og blive opfattet som en rigid leder, hvilket ville være en katastrofe for mig.

Jeg havde oprydning, som tydeligt mål – jeg beskrev det i vores nyhedsbrev, og jeg kommenterede oprydning med en status i hvert brev.

Personalet foreslog at vi indførte en dukseordning, hvor alle på skift havde en fast dag svarende til ca. en gang om måneden, hvor vi havde ansvaret for at forlade personalerummet i opryddelig stand.

Jeg synes virkelig, at det var en "dum" opgave, forstået på den måde, at jeg synes det var spild af min ledelsestid, at skulle forholde mig til noget så simpelt som oprydning, men under dette oprydningsproblem, lå der jo et vigtigt signal.

For hvis du er ligeglad med hvordan du efterlader din arbejdsplads og tænker, hmm – det er ikke mit ansvar, så får jeg det til at betyde, at du tager ikke ansvar for dig selv, eller dit arbejde.

Så i virkeligheden var vi (i mit perspektiv) i gang med at arbejde med ansvarlighed, og ikke som først antaget oprydning.

Mit budskab til dig er: Vær vågen over for de små ting, og vær nysgerrig på, hvad det egentlig handler om og håndter problematikken bedst muligt. Anerkend, at det er her I som samlet skole befinder Jer, og tag teten der fra.

Det tog meget lang tid at opnå den ønskede standard, men det lykkedes også selvom vi med jævne mellemrum må minde om det.

Husk dig selv på, at når dine medarbejdere ikke lykkes med en opgave, så lykkes du heller ikke.

Som nævnt tidligere, så havde jeg mange planer, og jeg troede jeg skulle effektuere dem alle sammen på én gang, men jeg var nødt til at lægge mine planer på hylden og gå på opdagelse i den virkelighed, som jeg befandt mig i.

Det kan være svært at acceptere, at virkeligheden er en anden, end den du ønsker. Men det er utrolig giveligt at bruge så meget tid som muligt på at observere den kultur, som du også selv er med til at opretholde.

Jeg vil opfordre dig til at lægge en tre års plan – gør den synlig, giv medarbejderne en andel ved at have medindflydelse – giv slip på dine egne planer, og lyt til dine omgivelsers gode ideer.

Budskab nr. 9

At have en coachende tilgang til din rolle som leder – og lyt.

Det er oppe i tiden, at have en anerkendende tilgang til sine medarbejdere. Både som medarbejder og leder er jeg helt enig i den overbevisning.

Jeg lader mig ofte inspirere af en coachende tilgang.

Når jeg sidder med en medarbejder, som har et problem/dilemma som skal håndteres, spørger jeg tit personen om følgende:

- Hvori opstår dilemmaet for dig?
- Hvad er din rolle i situationen?
- Hvordan tror du dine kollegaer forholder sig til din måde, at håndtere situationen på?
- Hvad får du øje på i forhold til dig selv og din rolle, når vi nu taler om det?
- Hvad kan jeg, eller andre gøre for at støtte dig?
- Hvor vil/kan du selv tage ansvar?
- Hvad skal du konkret gøre nu?

Ved ovenstående metode får medarbejderen tid til at reflektere over egen handling/problemstilling.

Jeg tror ikke på, at vi altid kan være anerkendende og coachende i vores tilgang til at lede andre mennesker.

Men jeg tror på, at vi bliver bedre til at understøtte de medarbejder, som skal trives i en travl hverdag ved at tilstræbe, at arbejde anerkendende.

Jeg mener, at en coachende tilgang understøtter medarbejderen i selv at tage ansvar. Det giver alle en mulighed for at blive på egen banehalvdel, hvilket er helt unikt i mine øjne.

Vi har nemlig alle sammen ind imellem en tendens til at "falde i" og komme til at dømme vores kollegaer for at gøre at noget "forkert", eller at give dem skylden for, at vi selv ikke lykkes.

Det er klart, at hvis du som leder vil bryde igennem med en coachende tilgang, må du selv evne at lede efter samme praksis, og det sætter store krav til din selvdisciplin.

Jeg tilstræber at arbejde efter en coachende tilgang, men dumper jo også i.

Hver gang ærgrer det mig, for jeg fremstår langt mere professionel og tillidsvækkende, når jeg bliver på egen banehalvdel og er nysgerrig i stedet for at være dømmende.

Budskab nr. 10

Nyd jeres succes

Forestil dig, at du spiller med i en håndboldkamp og det hold du spiller for vinder. I løber rundt giver knus og high five til hinanden – og siger "godt gået" og andre anerkendende ord.

Det er en tydelig reaktion på en arbejdsopgave, som er lykkes! Hvor tit løber du og dine medarbejdere rundt og gør som håndboldspillerne?

Det ligger ligesom ikke i vores kultur, at gå fuldstændig ud af formerne, men DET VILLE KLÆDE OS, AT HAVE MOD TIL, AT GØRE DET!

For ligesom håndboldspilleren, så har de fleste samme følelse, når noget lykkes.

Tænk tilbage på en opgave, du er lykkes med og giv dig selv lidt tid til at mærke følelsen – glæden, begejstringen, sammenholdet, og det at vide, at du sammen med dine medarbejdere er en succes.

Så du herrerne vinde OL guld i 2016?

Prøv at forstille dig, at give efter og give los for alle følelser – og anerkende at målet er nået og gå på opdagelse i drivkraften.

Så du også da de røg ud af VM turneringen i 2017. Al den glæde og begejstring der opstod, da det gik godt forstummede helt naturligt.

Min pointe er, at vi møder med– og modgang i det univers vi nu en gang, er en del af. Min overbevisning er at vi har brug for at mærke, når det går skidt for at blive begejstret, når vi har succes.

Men forudsætningen for at nå dertil er, at du må kende dit mål – hvad går du efter, hvorfor sidder du i din lederstol?

Og det er ikke nok, at det kun er dig der ved, hvad du vil. Det skal boble i væggene og bringe energi til dine medarbejdere.

Jeg havde på et tidspunkt en snak med en medarbejder, hvor jeg forklarede hende at min intention med at være afdelingsleder på skolen, var at skabe en skole med god trivsel for alle, samt at fremstå som en autentisk leder.

Da jeg startede på skolen oplevede jeg, at der var en kultur og en tendens til, at have A og B hold dvs. at der var nogen, som havde udnævnt sig selv, som dommere over de andres indsats og kompetencer og det ville jeg til livs.

En medarbejder som havde været ansat i mange år spurgte mig, om jeg troede de nye lærere, som ikke havde været på skolen så længe, også havde samme oplevelse, og det måtte jeg desværre sige ja til.

Jeg sagde, at jeg sagtnes kunne forstå hendes frygt for, hvad fremtiden ville bringe i forhold til;

Hvem skal jeg være kollega med?

Er der nogen der får mine fag?

Er jeg god nok?

Og sagde at vi alle sammen frygter alt muligt, men at vi havde brug for at italesætte vores frygt.

Det var en fed snak, hvor jeg åbent og ærligt fik mit budskab frem og medarbejderen comittede sig til at bringe budskabet videre. Hun sluttede samtalen med at sige; *"det vil jeg rigtig gerne være med til"* – det varmede mit hjerte.

Jeg sagde til hende, at jeg havde brug for, at vi skulle spille hinanden gode, og dermed havde jeg også brug for hende.

Et andet eksempel på en lille sejr er følgende episode et godt billede på.

En medarbejder havde bedt om et møde med mig om et konkret problem, som der skulle tages hånd om.

Da hun var færdig med sit ærinde sagde hun; " Rikke, der er også noget andet". "Ok og hvad er det"? Spurgte jeg og tænkte – hmm ok, hvad kommer der nu af ubehageligheder?

"Altså Rikke, du er altid imødekommende og meget tillidsvækkende, når jeg har et problem tør jeg godt komme ind til dig.

Du er ærlig og jeg ved, hvor jeg har dig. Når der er noget med eleverne og jeg har brug for din opbakning, ved jeg, du er lige bag mig. Du er varm og kærlig".

Jeg ventede spændt på, hvornår det berømte MEN ville komme – jeg var jo glad for at høre at medarbejderen nævnte mange af mine værdier – så var jeg da lykkedes med mit mål!

Det ville have klædt mig, at skrive til lærerne. "Jeg er nået mit mål. Kom og vær med til at fejre mig i morgen. Jeg giver kage og kram i spisepausen".

Jeg kan godt forestille mig, at du tænker – det lyder sgu mærkeligt, men any way. Jeg tror mine medarbejdere ville tænke, at det ville have været stærkt med en leder, der siger højt, når noget lykkes.

Men dengang havde jeg ikke mod til at fejre min succes!

Vi tager lige et eksempel mere.

En ny lærer på skolen, kom ind på mit kontor for at spørge om noget praktisk. Jeg benyttede straks lejligheden til at spørge hende, hvordan hun trives på skolen.

Hun fortalte, at hun synes hun var blevet taget godt i mod af sine kollegaer, men, som hun sagde *"jeg er jo også selv lidt sær"*.

Jeg udtrykte min glæde over at have hende ansat, og at jeg var godt tilfreds med hendes måde at løse sine opgaver på.

Hun sagde, at det var dejligt med en åben ledelse, som hun var tryg ved at komme til, samt at hun oplevede mig som meget autentisk.

Bagefter løb jeg ind til min kollega og sagde: *"jeg gjorde det – jeg opleves som en autentisk leder"*.

Jeg forstår nu, at jeg er en leder med en vision, der holder max.

Når det er sagt, så begår jeg mange fejl og dumheder, som indimellem gør mine medarbejdere vrede og kede af det.

Når det sker jeg er ikke bange for, at tage min del af ansvaret og tage ved lære.

Det gør jeg, fordi jeg er optaget af at blive dygtigere til at være leder på min måde.

Min intention med at bringe ovenstående eksempler er, at det er de små ting i hverdagen der viser, om du er på rette vej.

Min opfordring til dig, som leder, er at starte med at gå på opdagelse hos dig selv og udøve *HOLISTISK LEDELSE - TØR DU?*

Tak

Jeg vil gerne sende min store taknemmelighed til følgende personer.

Tak til Peter Strange for at tro på mig.

Tak til Sussi Keglberg for evig støtte og kærlighed.

Tak til Jørgen Schandorff for at inspirere mig til at være et ordentligt menneske.

Tak til Kim G. Rasmussen for konstruktiv sparring og godt humør.

Tak til personalet på Sydskolen Fårevejle for tillid og evig udfordring.

Tak til Laura Trudsø for at læse korrektur.

Litteraturliste

Covey R. Stephen, 7 gode vaner, Schultz 2007

Ford Debbie, Kast lys over skyggen, Borgen 2011

Lipton Bruce H., Intelligente celler, Borgen, 2012

Madsen Lund Peter, Dr. Zukaroffs testamente, Gyldendal, 2013

Materiale fra Mindjuice Lederuddannelse

Ruiz Miguel Don, De fire leveregler, Borgen 2013

Wren Barbara, Vågne celler, Forlaget Det blå hus, Gyldendal A/S, 2013

Præsentation af forfatteren:

Jeg, Rikke Strange er født d. 250970 og opvokset på Amager.

Jeg har flere uddannelser bag mig, som advokatsekretær, har arbejdet som fængselsbetjent, pædagog, folkeskolelærer og LederCoach.

Derudover har jeg en diplom i ledelse.

Jeg er optaget af faglig ledelse gennem personlig udvikling.

Udover at være afdelingsleder på en skole, driver jeg også et kursuscenter, hvor der tilbydes kursuser i personlig udvikling med hesten, som en vigtig medspiller.

Mit motto er: DET LØSER SIG!